AF193980

Impressum
Verlag: BABADADA GmbH, Nedderfeld 112 , 22529 Hamburg
Geschäftsführer / Verlagsleitung: Harald Hof
Druck: Books on Demand GmbH, In de Tarpen 42, 22848 Norderstedt

Imprint
Publisher: BABADADA GmbH, Nedderfeld 112 , 22529 Hamburg, Germany
Managing Director / Publishing direction: Harald Hof
Print: Books on Demand GmbH, In de Tarpen 42, 22848 Norderstedt

1

sekolo
shule

phapoši
sajili
go arola
kugawanya
186/2
boto
ubao
jarata ya sekolo
eneo la shule
morutiši
mwalimu
letlakala
karatasi
ngwala
kuandika
pene
kalamu
tafola
dawati
rula
rula
buka
kitabu
barutwana
mwanafunzi

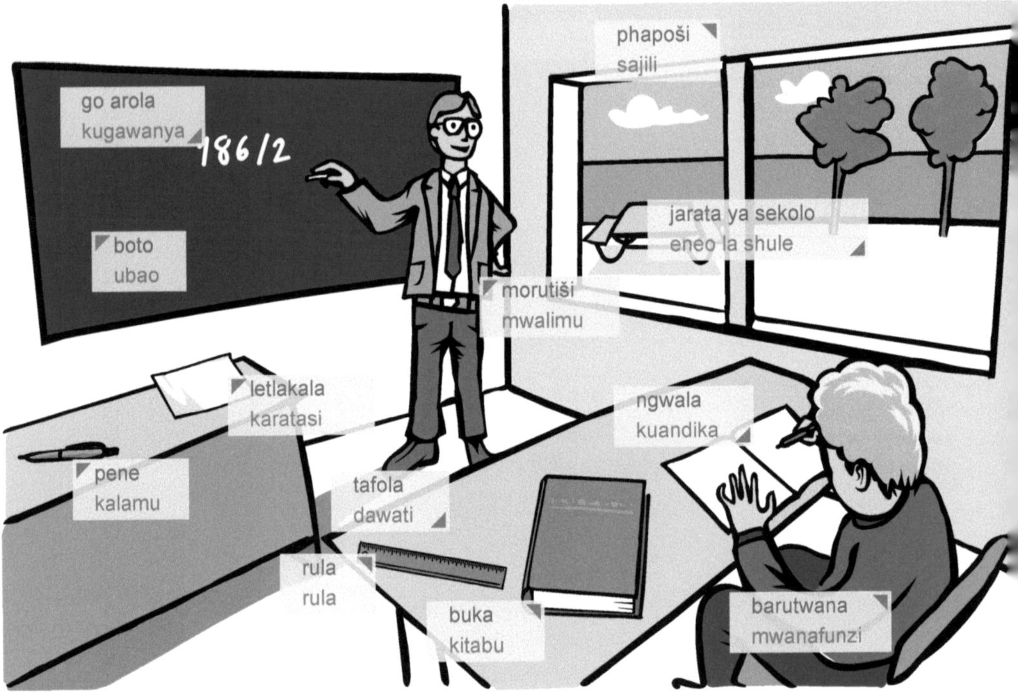

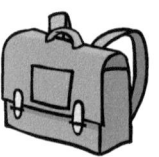

peke

mkoba

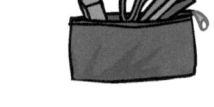

kheise ya phensele

kikasha cha penseli

phensele

penseli

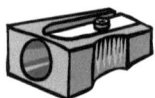

motšhene wa go betla phensele

kichonga penseli

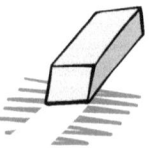

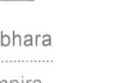

rabhara

mpira

phede ya ho thala

pedi ya kuchora

go thala

uchoraji

borashe ya go penta

brashi ya rangi

lepokisi la go penta

sanduku la rangi

sekero

mkasi

sekgomaretši

gundi

puku ya go ngwala

daftari

mošomo wa gae

kazi ya nyumbani

nomoro

nambari

tlatša

jumlisha

go ntšha

ondoa

go atiša

zidisha

khalekhuleitha

kokotoa

lengwalo

barua

alefapete

alfabeti

lentšu

neno

mongolo

maandishi

bala

kusoma

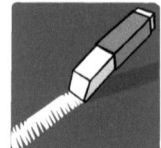

tšhoko

chaki

thuto

somo

puku ya maina

sajili

thuto

uchunguzi

setifikeite

cheti

diaparo tša sekolo

sare za shule

thuto

elimu

encyclopedia

elezo

yunibesithi

chuo kikuu

maekrosekoupo

darubini

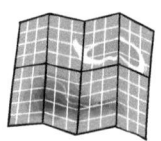

mmapa

ramani

pasekete ya matlakala a ditšhila

kikapu cha kuweka karatasi chafu

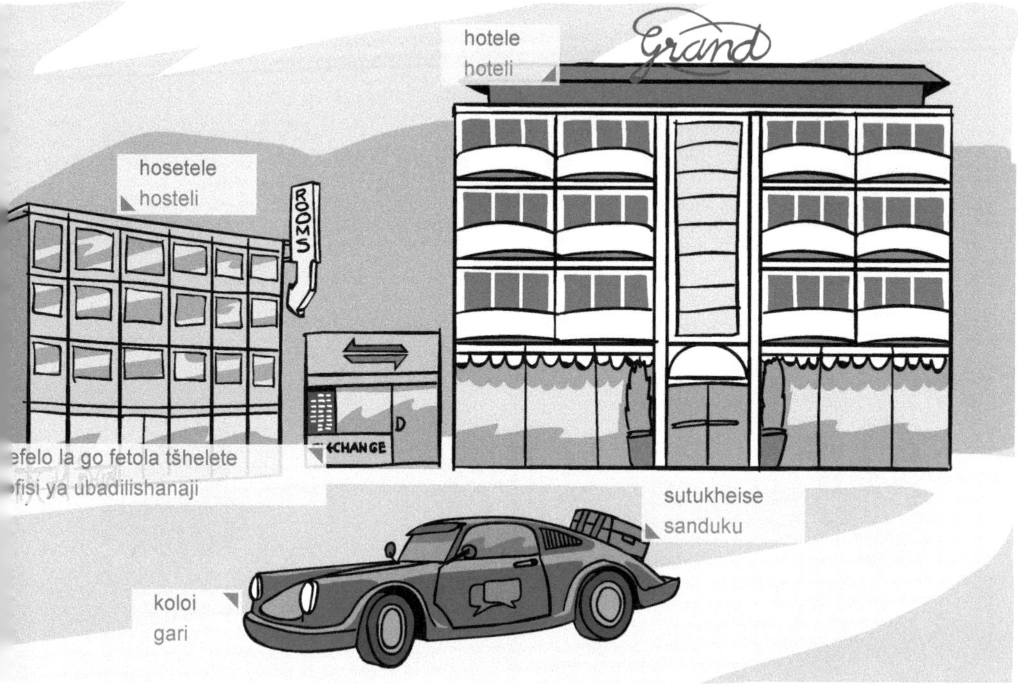

Grand
hotele
hoteli
hosetele
hosteli
ROOMS
EXCHANGE
efelo la go fetola tšhelete
fisi ya ubadilishanaji
sutukheise
sanduku
koloi
gari

Leleme

lugha

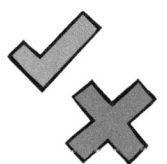

ee / aowa

ndiyo / la

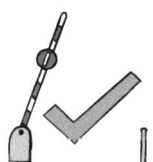

Go lokile

sawa

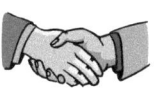

Dumela

hujambo

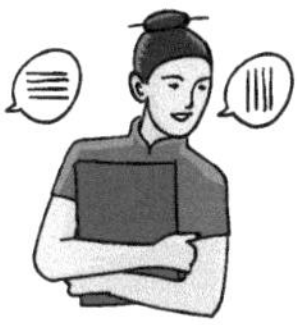

mofetoledi

mtafsiri

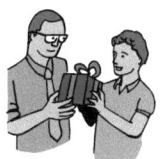

Re a leboga

Asante

... ke bokae?

kiasi gani ni ...?

ga ke kwešiše

Sielewi

bothata

tatizo

Thobela!

Jioni njema!

Meso e mebotse!

Habari za asubuhi!

Robala botse!

Usiku mwema!

šala gabotse

kwa heri

keletšo ya tsela

mwelekeo

peke

mizigo

peke

mfuko

mokotla wa dipuku

shanta

moeng

mgeni

phapoši

chumba

pekana ya go robala

begi la kulalia

mokhukhu

hema

boitsebišo bja moeti

taarifa ya utalii

lewatleng

ufuo

karata ya mokitlana

kadi

dijo tša mesong

kifunguakinywa

matena

chakula cha mchana

dijo tša mantšiboa

chakula cha jioni

thikethe

tiketi

lifithi

kuinua

setempe

muhuri

border

mpaka

setlwaedi

mila

embassy

ubalozi

visa

visa

phasepoto

pasipoti

senamelwa
usafiri

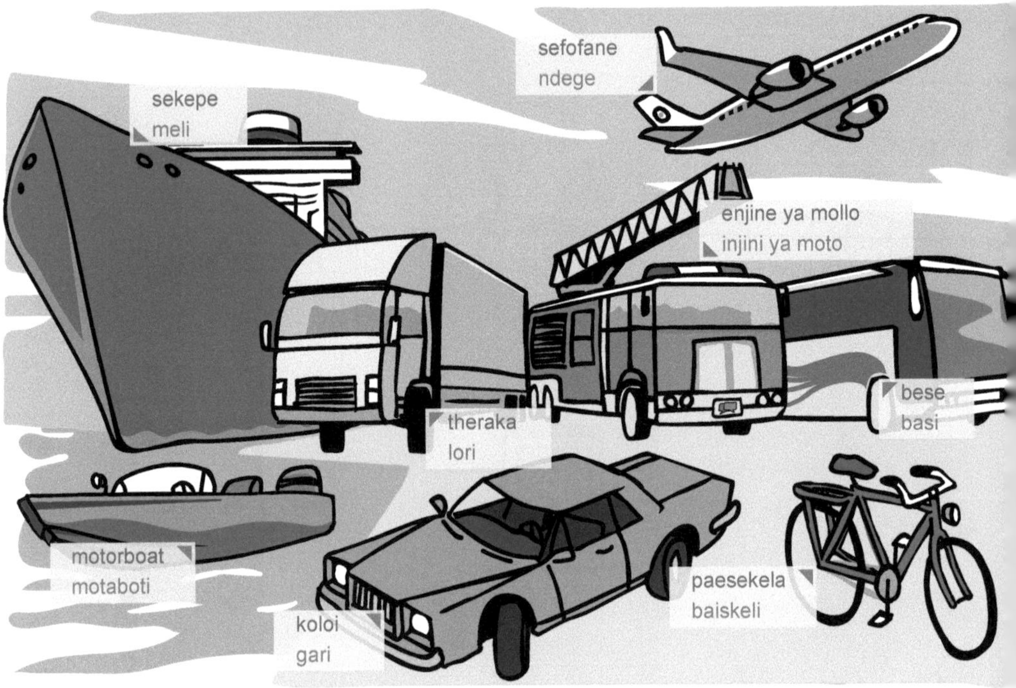
sefofane
ndege
sekepe
meli
enjine ya mollo
injini ya moto
theraka
lori
bese
basi
motorboat
motaboti
koloi
gari
paesekela
baiskeli

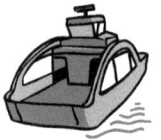

feri
feri

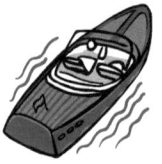

sekepe
mashua

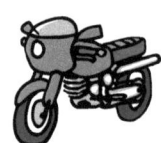

sethuthuthu
pikipiki

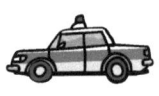

koloi ya maphodisa
gari la polisi

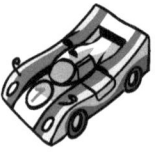

koloi ya go šiašiana
gari la mashindano

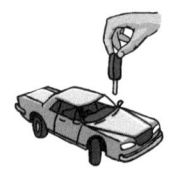

koloi ya go rentišwa
gari la kukodisha

go arogana koloi

kushiriki gari

theraka ya go goga

lori la kuvuta

theraka ya ditlakala

ukusanyaji taka

mmotho

motor

makhura

mafuta

seteišene sa makhura

kituo cha mafuta

leswao la therafiki

ishara trafiki

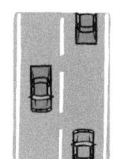

therafiki

trafiki

therafiki

msongamano

efelo la go phaka dikoloi

maegesho

seteišene sa terene

kituo cha treni

tsela

reli

terene

garimoshi

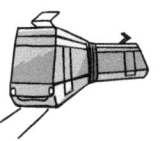

theramo

tremu

koloi

gari la mizigo

sefofane
helikopta

boemafofane
uwanja wa ndege

serokami
mnara

monamedi
abiria

seswari
chombo

lepokisana
katoni

khathe
mkokoteni

basket
kikapu

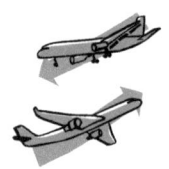

go tloga / go kwatama
ondoka

toropo

jiji

motse
kijiji

bogareng bja toropo
katikati ya jiji

ntlo
nyumba

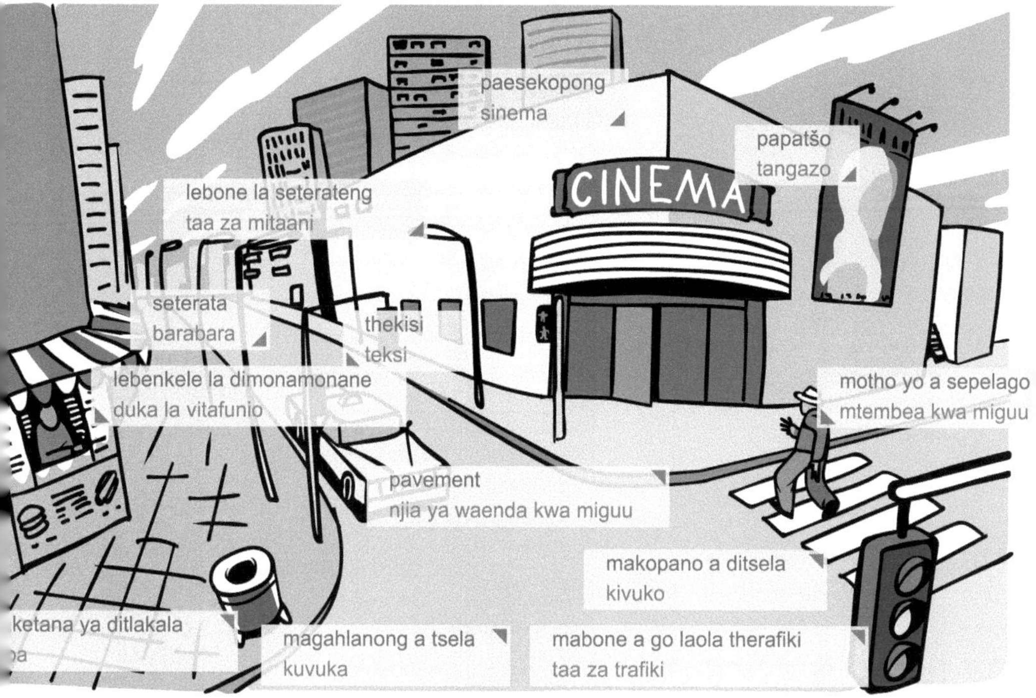

paesekopong
sinema

papatšo
tangazo

lebone la seterateng
taa za mitaani

CINEMA

seterata
barabara

thekisi
teksi

lebenkele la dimonamonane
duka la vitafunio

motho yo a sepelago
mtembea kwa miguu

pavement
njia ya waenda kwa miguu

makopano a ditsela
kivuko

ketana ya ditlakala
ba

magahlanong a tsela
kuvuka

mabone a go laola therafiki
taa za trafiki

mokutwana

kibanda

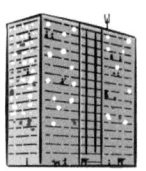

folete

gorofa

seteišene sa terene

kituo cha treni

holo ya toropong

ukumbi wa mji

museamo

Makavazi

sekolo

shule

yunibesithi

chuo kikuu

panka

benki

sepetlele

hospitali

hotele

hoteli

lebenkele la dihlare

duka la dawa

ofisi

ofisi

lebenkele la dipuku

duka la kitabu

lebenkele la dijo

duka

lebenkele la matšoba

duka la maua

lebenkele la dihlare

dukakuu

mmakete

soko

lebenkele la dilo tše dintši

idara ya kuhifadhi

fishmonger's

mwuza samaki

lefelo la mabenkele

kituo cha ununuzi

boemakepe

bandari

phaka

Hifadhi

bench

benki

leporogo

daraja

ditepisi

vidato

ka tlase

chini ya ardhi

thanele

handaki

boemela pese

kituo cha mabasi

bar

bar

lebenkele la dijo

mgahawa

lepokisi la poso

sanduku la posta

leswao la seterata

ishara ya barabara

mithara wa go phaka koloi

mita ya maegesho

zuu

bustani ya wanyama

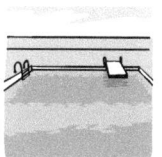

letamo la go rutha

kidimbwi cha kuogelea

lefelo la mamoseleme

msikiti

polasa
shamba

tšhilafalo
uchafuzi

mabitla
makaburini

kereke
kanisa

lefelo la go bapala
uwanja wa michezo

tempele
hekalu

lefelo la dithaba

mazingira

letlakala
jani

leswao la tsela
ishara ya mwelekeo

tsela
njia

lefelo kgauswi le noka
malisho

letlapa
jiwe

mohlare
mti

mophara thaba
mtembeaji wa masafa

noka
mto

bjang
nyasi

letšoba
ua

tsela
bonde

thaba
kilima

letangwana la meetsi
ziwa

sethokgwa
msitu

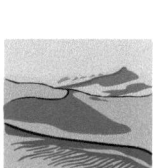

leganata
jangwa

thabamollo
volkano

ntlo e kgolo
ngome

molalatladi
upinde wa mvua

mushroom
uyoga

palm tree
mtende

monang
mbu

fofa
kuruka

ditšhošwane
chungu

nosi
nyuki

segokgo
buibui

khunkhwane

mende

segwagwa

chura

squirrel

kuchakuro

noko

nungunungu

mmutla

sungura

leribiši

bundi

nonyana

ndege

mogolodi

swan

kolobe ya naga

nguruwe mwitu

phuthi

kulungu

phuthi

aina ya kongoni

letamo

bwawa

wind turbine

tabo ya upepo

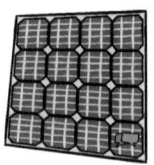

phanele ya solar

nishaji ya jua

leratadima

hali ya hewa

lebenkele la dijo

mgahawa

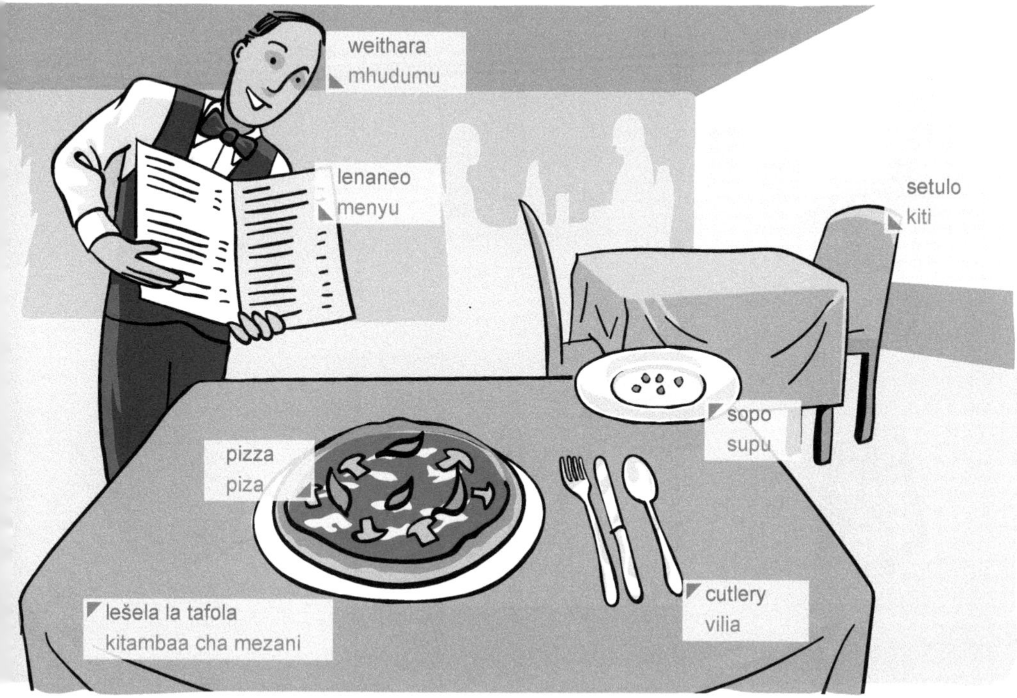
weithara
mhudumu
lenaneo
menyu
setulo
kiti
sopo
supu
pizza
piza
lešela la tafola
kitambaa cha mezani
cutlery
vilia

dijo tša mathomo
....
kiamsha hamu

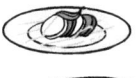

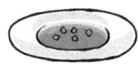

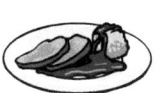

dijo
....
kozi kuu

dimonamonane
....
kitindamlo

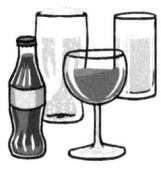

dino
....
vinywaji

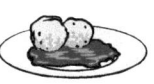

dijo
....
chakula

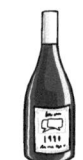

lepotlelo la ngwana
....
chupa

fastfood

chakula cha haraka

dijo tša seterateng

Streetfood

ketlele ya tea

buli

poleitana swikiri

kisanduku cha sukari

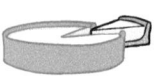

karolo

sehemu

motšhene wa espresso

mashine ya espresso

setulo sa godimo

kiti kirefu

tefo

muswada

therei

trei

thipa

kisu

foroko

uma

lelepola

kijiko

lelepola

kijiko cha chai

lešela la go iphomola

nepi

galase

glasi

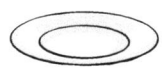

poleite

sahani

poleite ya sopo

sahani ya supu

sosara

sufuria

moroto

mchuzi

poto ya letswai

kichanyaji chumvi

sešila phepha

kinu cha pilipili

vinegar

siki

makhura

mafuta

sepaese

viungo

tamatisoso

kechapu

masetete

haradali

mayonnaise

kachumbari nzito

lebenkele la dihlare

dukakuu

dithekišo tša tlase
ofa maalum
FOR
moreki
mteja
dijo tša go ba le maswi
maziwa
dikenywa
matunda
teroli
toroli

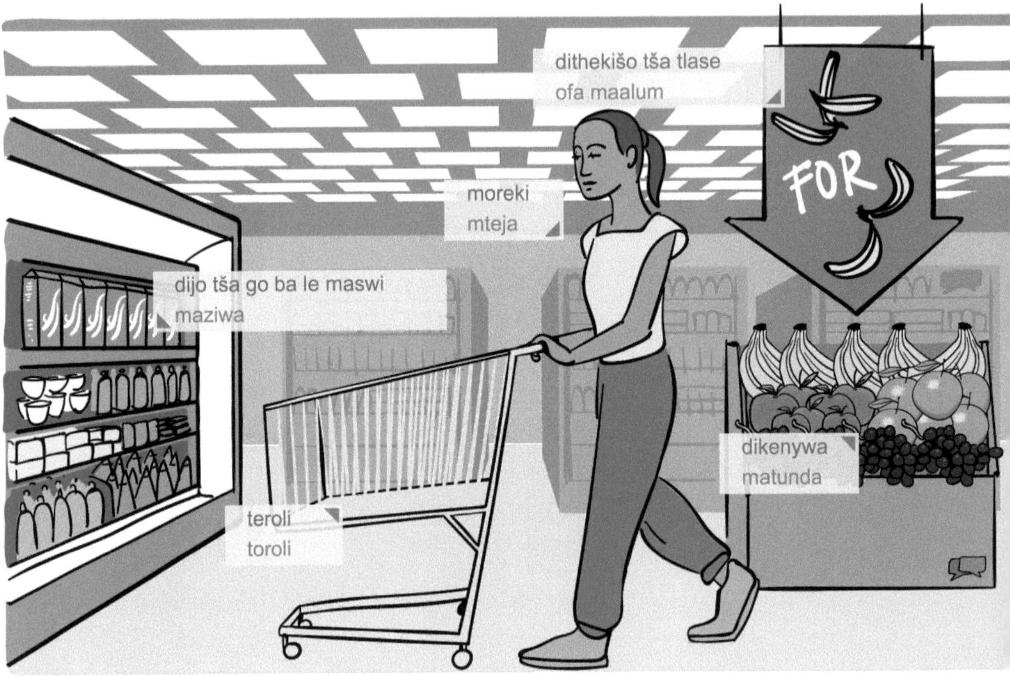

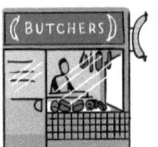

BUTCHERS

selaga

mchinjaji

BAKERY

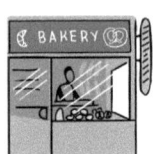

moapei wa dikuku

mwokaji

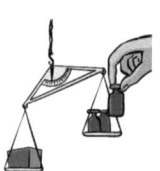

kala

uzito

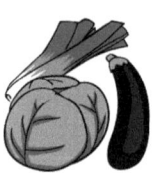

merogo

mboga

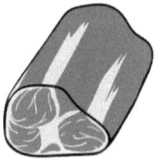

nama

nyama

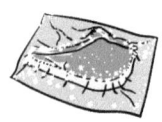

dijo tše gahlišitšwego

chakula waliohifadhiwa

nama ya go tonya

ipande vya nyama baridi

tinned food

chakula cha kopo

sešepi sa go hlatswa

sabuni ya unga

dimonamonane

pipi

dilo tša ka ntlong

bidhaa za kaya

didirišwa tša go hlwekiša

bidhaa za kusafisha

morekiši

mtu mauzo

till

mpaka

morekiši

keshia

naneo la tše rekišwago

orodha ya manunuzi

diiri tša go bula

masaa ya ufunguzi

sepatše

mkoba

karata ya mokitlana

kadi

peke

mfuko

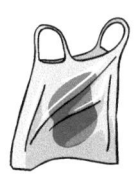

peke ya polasetiki

mfuko wa plastiki

meetsi

maji

Juice

sharubati

maswi

maziwa

coke

coke

beine

mvinyo

bhiri

bia

bjala

pombe

cocoa

kakao

tea

chai

kofi

kahawa

espresso

spreso

cappuccino

kapuchino

banana

ndizi

apola

tufaha

namome

machungwa

melon

tikiti

namone

lemon

carrot

karoti

garlic

kitunguu saumu

bamboo

mianzi

keiye

kitunguu

mushroom

uyoga

ditokomane

karanga

noodles

nudo

spaghetti

spageti

raese

mpunga

salate

saladi

ditšhipisi

vibanzi

matapola a gadikilwego

viazi vya kukaanga

pizza

piza

hambeka

hambaga

sandwich

sandwichi

cutlet

kipande

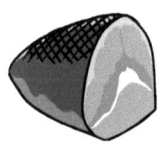

ham

paja la mnyama

salami

salami

sausage

soseji

kgogo

kuku

gadika

choma

hlaphi

samaki

dijo - chakula

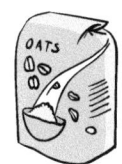

bogobe bja oats

oats ya uji

muesli

muesli

cornflakes

cornflakes

folouro

unga

croissant

kroisanti

dipanse

andazi

borotho

mkate

toaster

mkate wa kubanika

dipisikiti

biskuti

botoro

siagi

curd

maziwa mgando

kuku

keki

lee

yai

lee le gadikilwego

yai kukaanga

tshese

jibini

ice cream

aiskrimu

swikiri

sukari

todi ya dinosi

asali

jeme

jemu

chocolate spread

kuenea kwa chokoleti

curry

mchuzi wa viungo

polasa
shamba

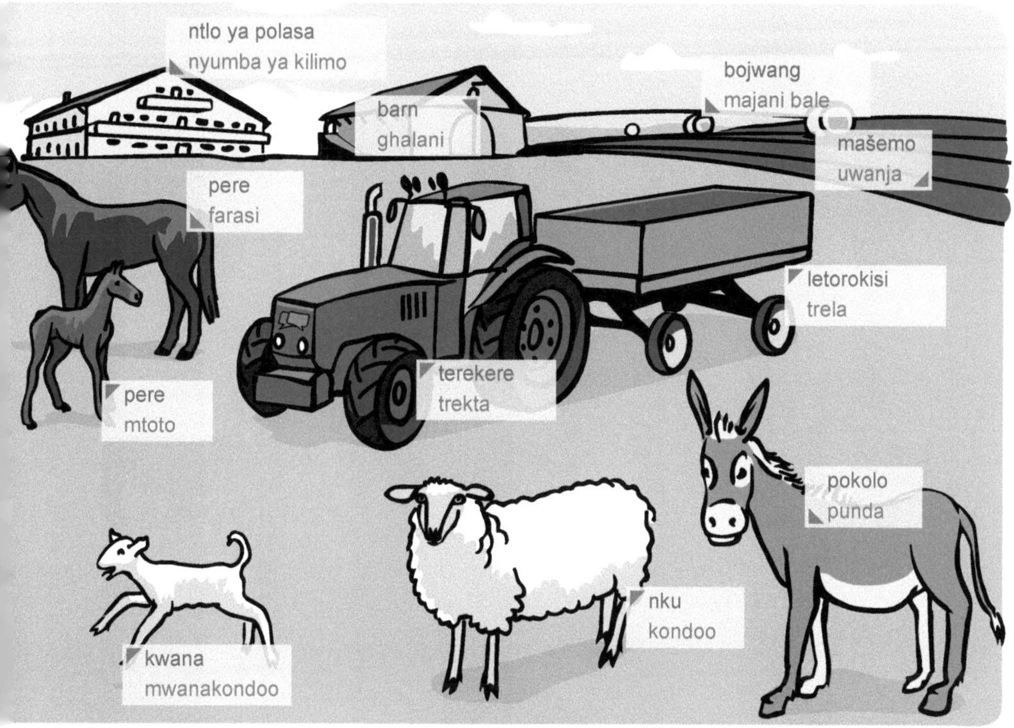
ntlo ya polasa
nyumba ya kilimo
barn
ghalani
bojwang
majani bale
mašemo
uwanja
pere
farasi
letorokisi
trela
terekere
trekta
pere
mtoto
pokolo
punda
nku
kondoo
kwana
mwanakondoo

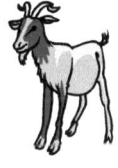

pudi
mbuzi

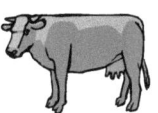

kgomu
ng'ombe

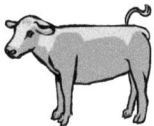

namane
ndama

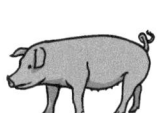

kolobe
nguruwe

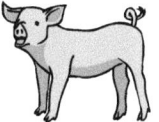

kolobjana
mwananguruwe

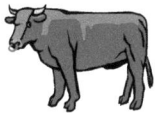

poo
fahali

leganse

batabukini

leganse

bata

letswienyane

kifaranga

kgogo

kuku

mokoko

jogoo

legotlo

panya

katse

paka

legotlo

panya

pholo

ng'ombe

mpšha

mbwa

ntlwana ya mpšha

nyumba ya mbwa

lethompo la seratswana

bomba la bustani

khene ya meetse

debe la kumwagilia maji

peke

fyekeo

megoma ya terekere

kulima

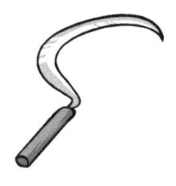

sekele

mundu

mogoma

jembe

foroko

uma wa nyasi

selepe

shoka

kiribai

toroli

letangwana la meetsi

kupitia nyimbo

khene ya maswi

chombo cha maziwa

lesaka

gunia

fense

ua

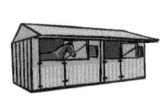

stable

imara

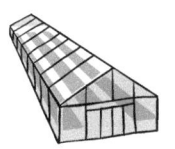

ntlwana ya galaşe ya dihlare

chafu

mobu

udongo

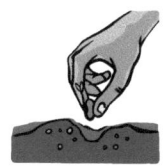

peu

mbegu

manyora

mbolea

motšhene wa go buna

kivunaji

buna

mavuno

buna

mavuno

tse monate

viazi vikuu

korong

ngano

soy

soya

letapola

viazi

korong

mahindi

rapeseed

rapa

mohlare wa dikenywa

mti wa matunda

cassava

muhogo

disereale

nafaka

ntlo
nyumba

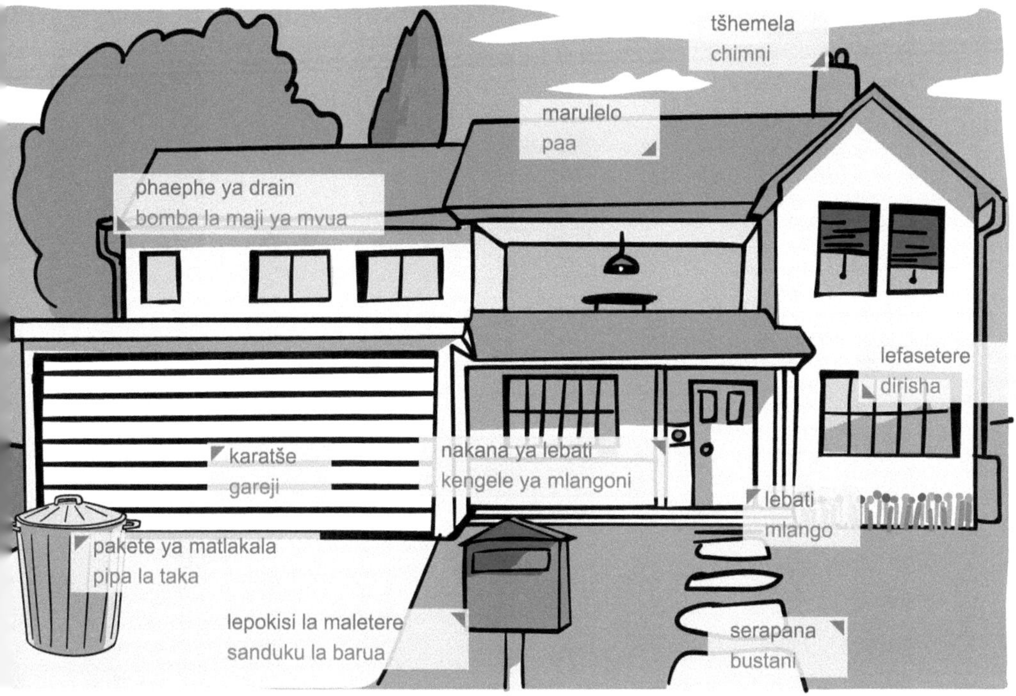
tšhemela
chimni
marulelo
paa
phaephe ya drain
bomba la maji ya mvua
lefasetere
dirisha
karatše
gareji
nakana ya lebati
kengele ya mlangoni
lebati
mlango
pakete ya matlakala
pipa la taka
lepokisi la maletere
sanduku la barua
serapana
bustani

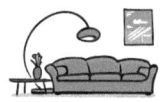

phapoši ya go dula
sebuleni

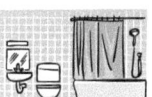

kamora ya go hlapela
bafu

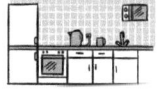

boapeelo
jikoni

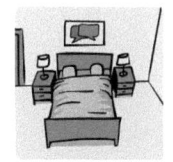

phapoši ya go robala
chumba cha kulala

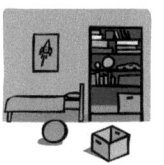

phapoši ya bana
chumba ya mtoto

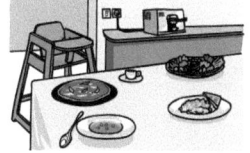

lefelo la boiketlo
chumba cha kulia

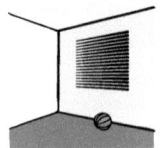

fase

sakafu

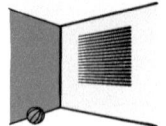

lebota

ukuta

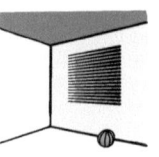

siling

dari

cellar

pishi

sauna

sauna

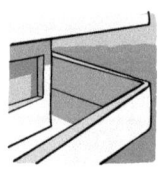

letsikangope

roshani

lelapa

mtaro

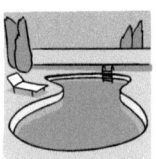

letamo la go rutha

kidimbwi

motšhene wa go sega bjang

mashine ya kukata nyasi

lešela la go iphomola

karatasi

lešela la mpeto

kitambaa cha kupamba
kitanda

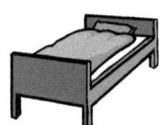

mpeto

kitanda

leswielo

ufagio

pakete

ndoo

pholaka

kubadili

phapoši ya go dula

sebuleni

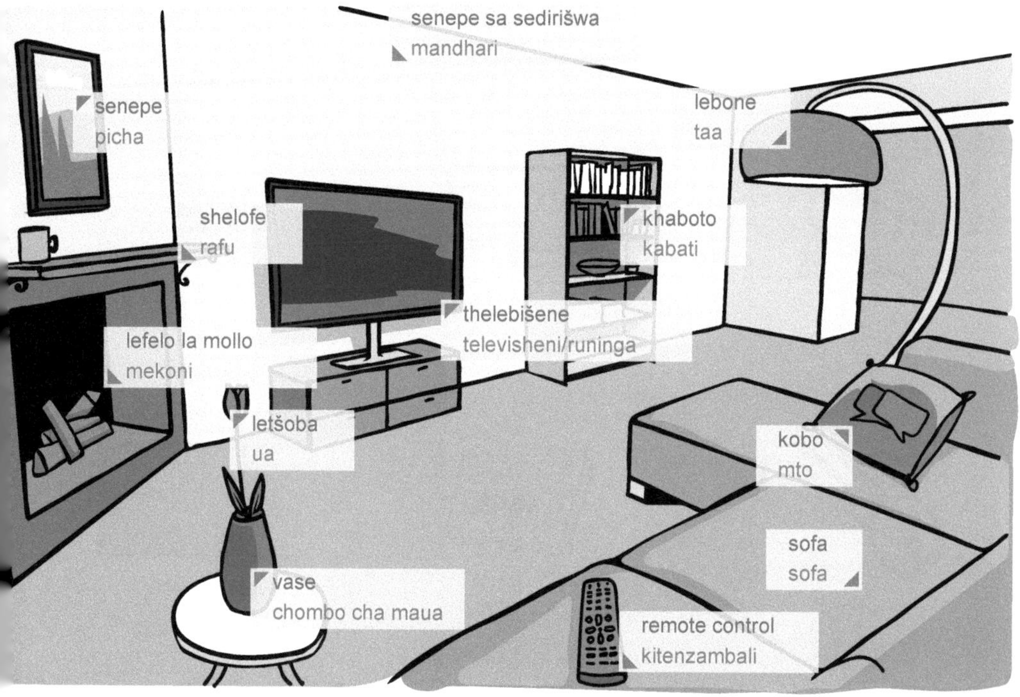

senepe sa sedirišwa
mandhari
senepe
picha
lebone
taa
shelofe
rafu
khaboto
kabati
thelebišene
televisheni/runinga
lefelo la mollo
mekoni
letšoba
ua
kobo
mto
sofa
sofa
vase
chombo cha maua
remote control
kitenzambali

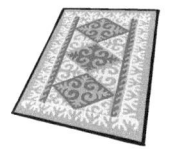

khaphete

zulia

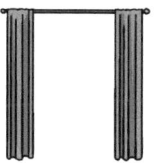

garetene

pazia

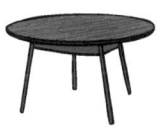

tafola

meza

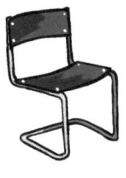

setulo

kiti

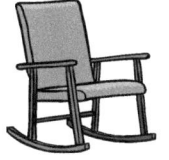

rocking chair

kiti cha bembea

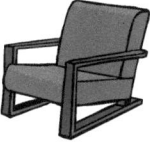

armchair

armchair

buka

kitabu

kobo

blanketi

bokgabišo

mapambo

dikota tša mollo

kuni

filimi

filamu

sedirišwa sa hi-fi

kifaa cha hi-fi

senotlelo

ufunguo

kuranta

gazeti

go penta

uchoraji

phouseta

bango

radio

redio

pukwana ya go ngwala

daftari

motšhene wa go hlwekiša

kifyonza

mohlašana wa cactus

dungusi kakati

kerese

mshumaa

boapeelo
jikoni

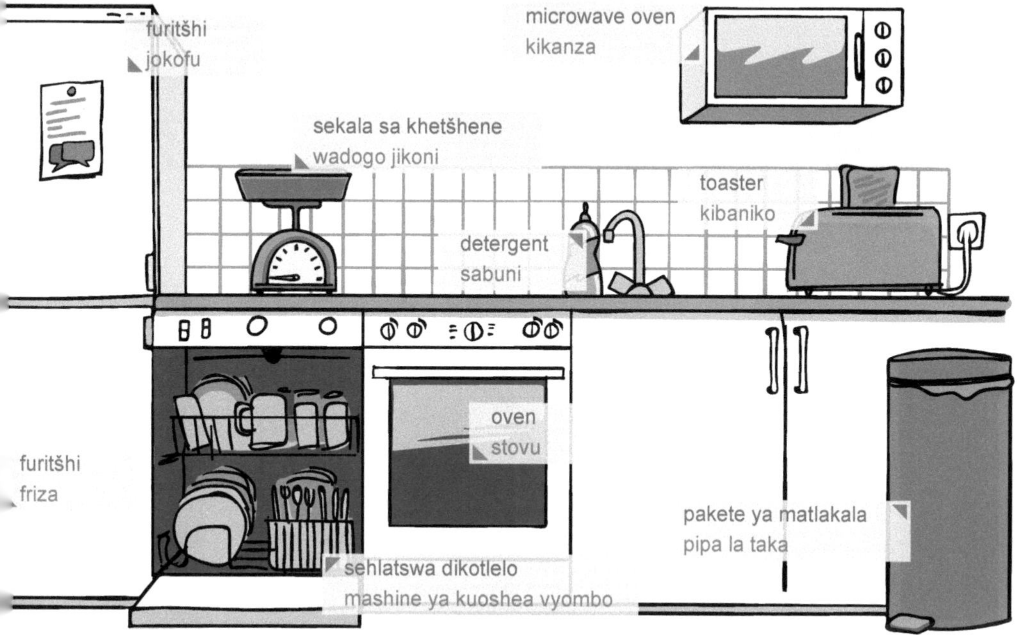

furitšhi
jokofu
microwave oven
kikanza
sekala sa khetšhene
wadogo jikoni
toaster
kibaniko
detergent
sabuni
oven
stovu
furitšhi
friza
pakete ya matlakala
pipa la taka
sehlatswa dikotlelo
mashine ya kuoshea vyombo

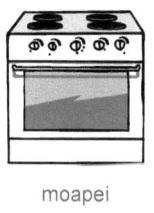

moapei

jiko la kupika

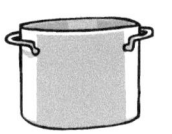

pitša

chungu

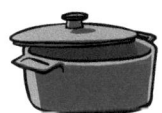

cast-iron pot

sufuria ya chuma

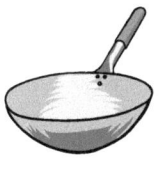

wok / kadai

wok / kadai

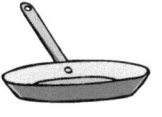

pane

kaango

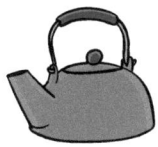

ketlele

birika

steamer

stima

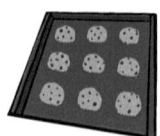

therei ya go paka

sinia ya kuoka

dikotlelo

vyombo vya udongo

komiki

kombe

mogopo

bakuli

diphathana tša go ja

vijiti vya kulia

lelepola la ladle

ukawa

spatula

mwiko mpana

whisk

burashi

strainer

kichujio

sefo

chujio

kereitara

mbuzi

mortar

chokaa

barbecue

barbeque

thuntšha

moto wazi

boto ya dijo

ubao wa majaribio

rolling pin

kijiti cha kusukuma unga

sebula lepotlelo

kizibuo

khene

kopo

sebula khene

inaweza kopo

seswara dipoto

kishikio cha chungu

sinki

karo

borashe

brashi

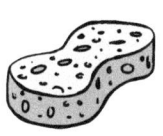

sepontše

sifongo

sehlakanyi

kisagaji matunda

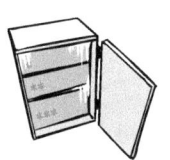

freezer

friji ya kina

lepotlelo la ngwana

chupa ya mtoto

pompi

bomba

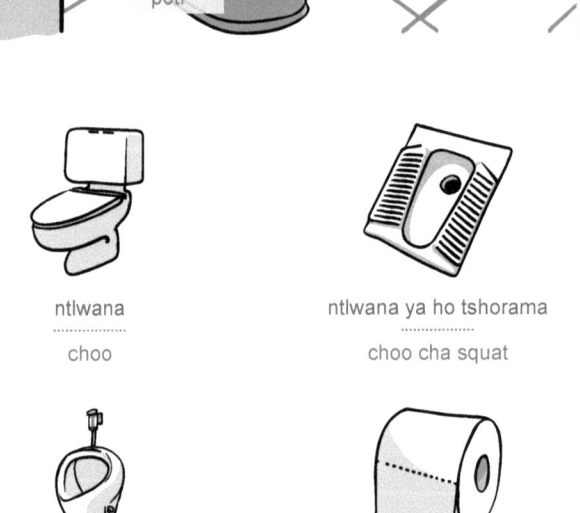

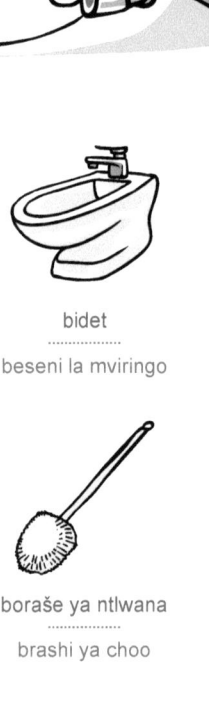

kamora ya go hlapela

bafu

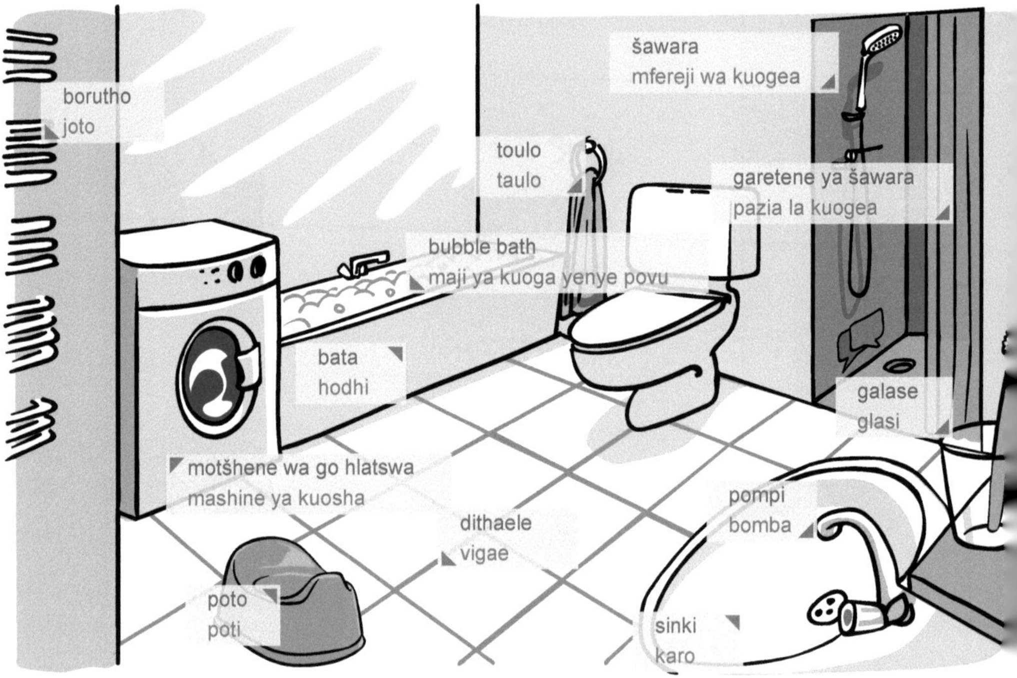

borutho
joto
šawara
mfereji wa kuogea
toulo
taulo
garetene ya šawara
pazia la kuogea
bubble bath
maji ya kuoga yenye povu
bata
hodhi
galase
glasi
motšhene wa go hlatswa
mashine ya kuosha
pompi
bomba
dithaele
vigae
poto
poti
sinki
karo

ntlwana

choo

ntlwana ya ho tshorama

choo cha squat

bidet

beseni la mviringo

moroto

choo cha umma

pampiri ya ntlwana

shashi

boraše ya ntlwana

brashi ya choo

boraše ya ho hlapa meno

mswaki

sešepi sa meno

dawa ya meno

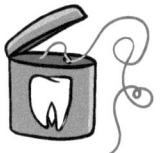

floss ya meno

dawa ya meno

hlatswa

safisha

shawara ya go swarwa ka matsogo

kuoga mkono

douche

msukumo wa maji

basin

bonde

back brush

mpako wa pili

sešepi

sabuni

sešepi sa ka šawareng

jeli ya kuogea

shampoo

shampuu

folene

flana

drain

toa maji

sa go tlola

krimu

senkgiša bose

kiondoa harufu

seipone
kioo

sepili se senyenyane
kioo mkono

legare
kinyozi

shaving foam
povu la kunyoa

aftershave
baada ya kunyoa

kamo
kichana

boraše
brashi

derayara ya moriri
kikausha nywele

setlola sa moriri
marashi ya nyewele

makeup
vipodozi

setlola sa molomo
kidomwa

varnish ya manala
varnish ya msumari

wulu
pamba

sekero sa dinala
mkasi wa kucha

phefumo
manukato

pekana ya tša go hlapa

mkoba wa kuosha

setulo

kinyesi

sekala

mizani

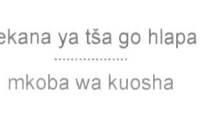

toulwana ya go hlapa

nguo ya kuoga

ditlelafo tša rabara

glavu za mpira

tampon

kisodo

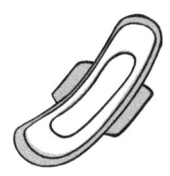

toulo ya go phumula
matsogo

sodo

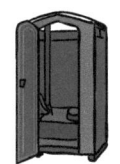

ntlwana ya dikhemikhale

kemikali choo

phapoši ya bana
chumba ya mtoto

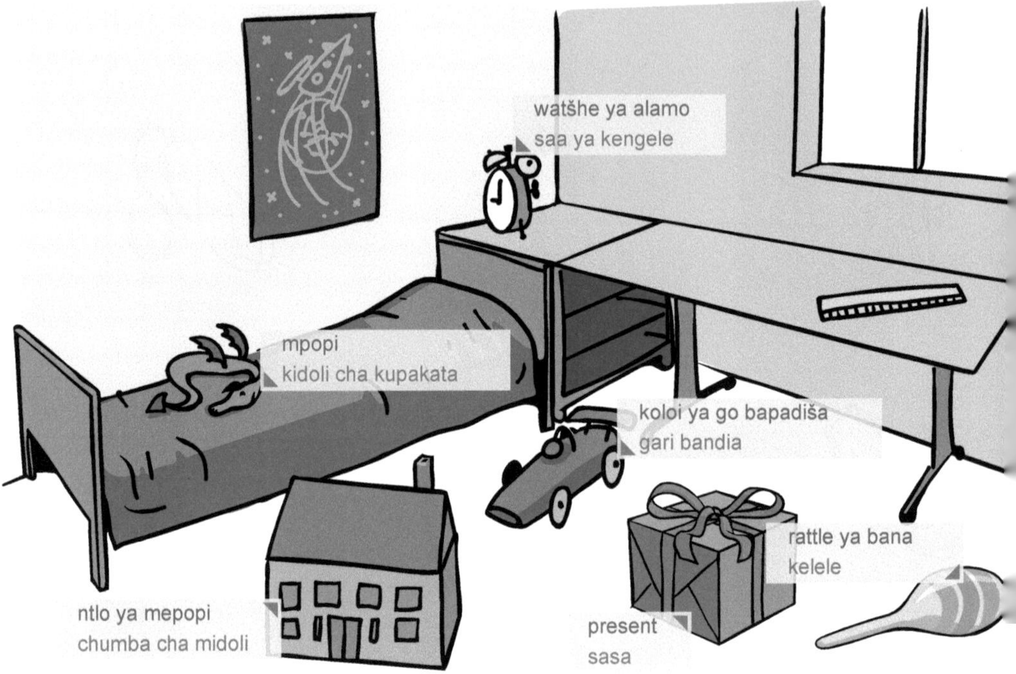
watšhe ya alamo
saa ya kengele
mpopi
kidoli cha kupakata
koloi ya go bapadiša
gari bandia
rattle ya bana
kelele
ntlo ya mepopi
chumba cha midoli
present
sasa

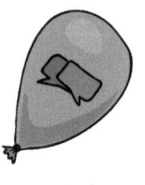

baluni
baluni

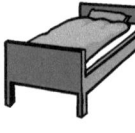

mpeto
kitanda

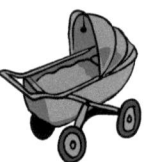

phorema
mashua

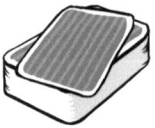

dikarata
staha ya kadi

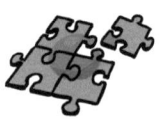

papadi ya jigsaw
mchezo-fumb

SUPER
MEGA

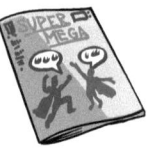

metlae
vichekesho

papadi ya lego bricks

matofali lego

papadi ya building blocks

vitalu mwigo

action figure

hatua takwimu

go gola ga ngwana

suti ya kulalia

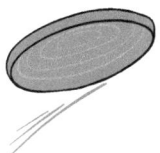

papadi ya Frisbee

kisahani

mobile

simu

papadi ya boto

ubao wa michezo

letaese

kete

model train set

garimoshi mwigo

tami

dummy

phathi

chama

puku ya dinepe

picha kitabu

kgwele

mpira

mpopi

kikaragosi

bapala

kucheza

sandpit

shimo la mchanga

swing

bembea

tša go bapadiša

vitu bandia

sedirišwa sa dipapadi tša bidio

kiweko cha video ya mchezo

paesekele ya bana

baiskeli ya magurudumu

teddy bear

mwanasesere

matatu

oteropo

kabati

diaparo

nguo

masokisi

soksi

masokisi

stokingi

pentihouso

kibano

sekhafo
skafu

amporela
mwavuli

lepanta
ukanda

sekhipha
fulana

diputsu
viatu

deselephara
ndara

diteki
wakufunzi

ramphešane
malapa

dieta
viatu

diputsu tša rabara
mabuti ya mpira

orokgwana bja ka fase
suruali ya ndani

seaparo sa bra
sidiria

besete
fulana

diaparo - nguo

45

mmele
mwili

marokgo
suruali

pokathe
dangirizi

sekhethe
sketi

seaparo sa blouse
blauzi

hempe
shati

jase
vuta

jase
sweta

seaparo sa blazer
bleza

baki
jaketi

jase
koti

jase ya pula
koti la mvua

khosetumo
maleba

roko
gauni

lešira
mavazi ya harusi

sutu
suti

seaparo sa go robala
vazi la usiku

dipejama
pajama

sari
sari

sekafo
skafu

turban
kilemba

seaparo sa burqa
burka

roko ya kaftan
kaftan

abaya
abaya

seaparo sa go rutha
vazi la kuogelea

diteranka
vazi la kiume la kuogelea

marukgwana a manyenyane
kaptura

terekesutu
teitei

apron
aproni

ditlelafo
glavu

konope

kifungo

digalase

glasi

boreiselete

bangili

nekeleise

mkufu

palamonwana

pete

lengena

herini

kepisi

kofia

hengere ya jase

kiango cha koti

kefa

kofia

thai

tai

zip

zipu

helmete

kofia

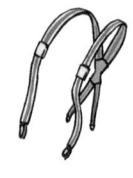

braces

kanda za suruali

diaparo tša sekolo

sare za shule

unifomo

sare

diaparo - nguo

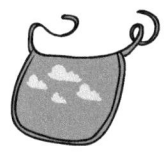

seaparo sa bib

bibu

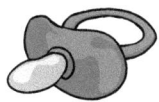

tami

dummy

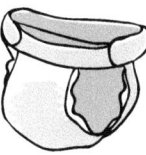

mongato

nepi

ofisi

ofisi

sebara
seva
lekase la difaele
kabati la kuweka faili
letlakala
karatasi
phrinthara
kichapishaji
monitharaw
kiwambo
mouse
kipanya
tafola
dawati
foldara
folda
keybhoto
kibodi
te ya matlakala a ditšhila
cha kuweka karatasi chafu
setulo
kiti
khomphutha
kompyuta

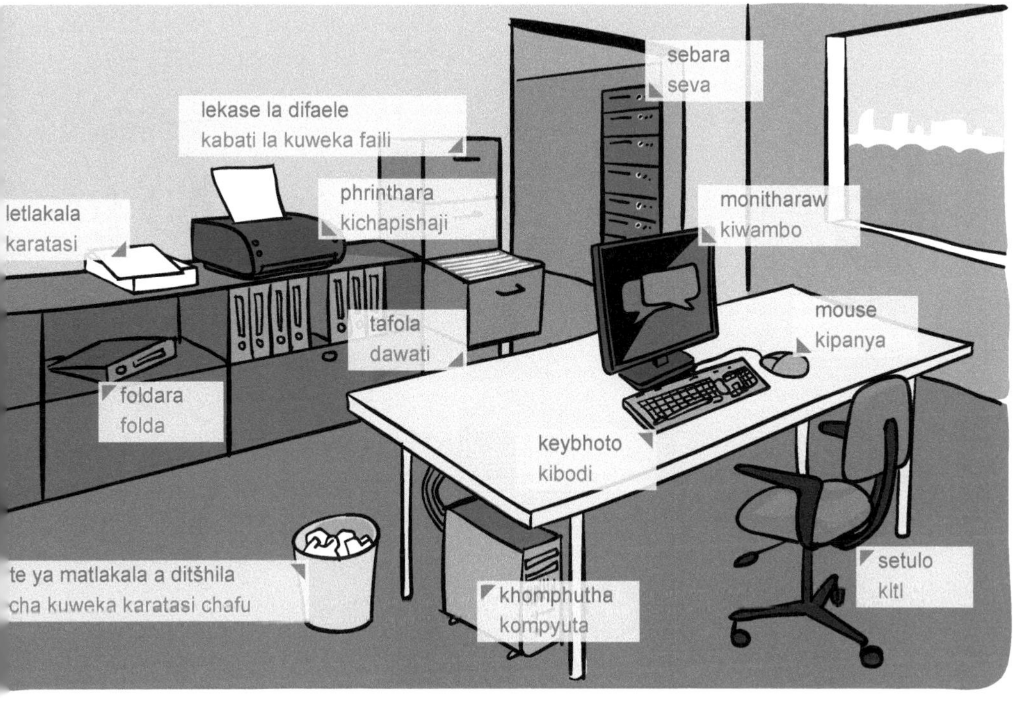

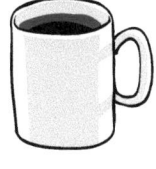

komiki ya kofi

kmobe la kahawa

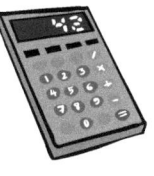

khalekhuleitha

kikokotoo

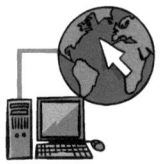

inthanete

biashara

laptop

mbali

lengwalo

barua

molaetša

ujumbe

mogalathekeng

rununu

netweke

intaneti

motšhene wa go photokhopa

fotokopia

software

programu

mogala

simu

pholaka ya sokete

soketi

motšhine wa go fekesa

kipepesi

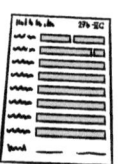

fomo

fomu

dipampiri

hati

ofisi - ofisi

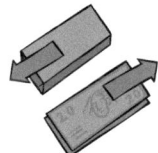

reka

kununua

lefa

kulipa

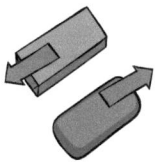

rekiša

biashara

tšhelete

fedha

dollar

dola

euro

yuro

yen

yeni

rouble

rouble

Swiss franc

faranga ya Uswisi

renminbi yuan

renminbi yuan

rupee

rupia

lefelo la go ntšha tšhelete

eneo la kulipia

lefelo la go fetola tšhelete

ofisi ya ubadilishanaji

gauta

dhahabu

silifera

fedha

oil

mafuta

matla

nishati

poraese

bei

konteraka

mkataba

motšhelo

kodi

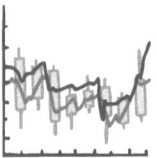

setokho

bidhaa

mošomo

kazi

mošomi

mfanyakazi

mothwadi

mwajiri

feketori

kiwanda

lebenkele la dijo

duka

bodulo
kazi

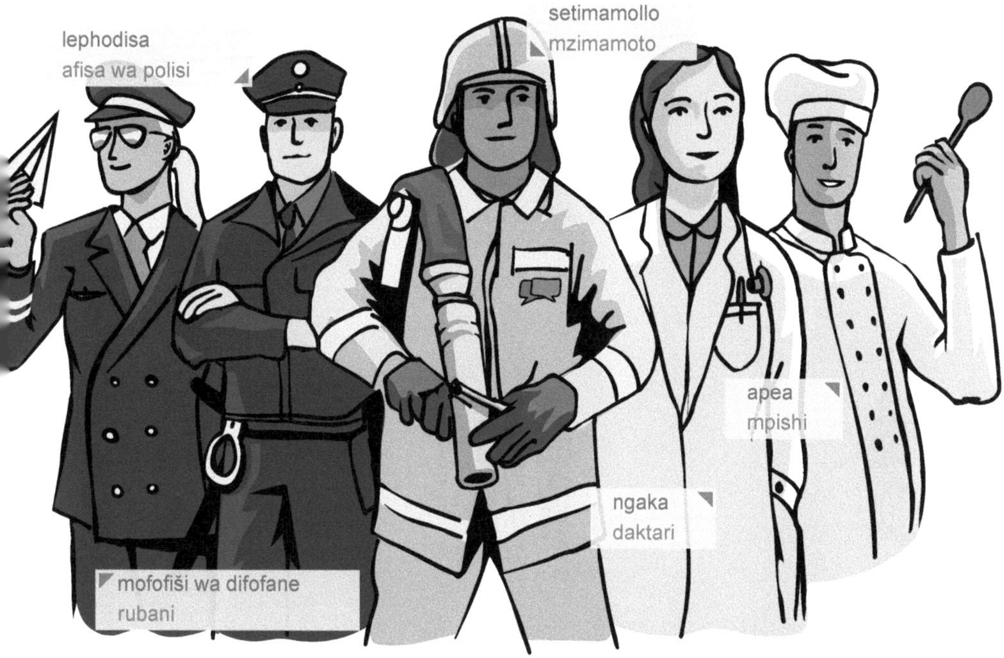
lephodisa
afisa wa polisi
setimamollo
mzimamoto
apea
mpishi
ngaka
daktari
mofofiši wa difofane
rubani

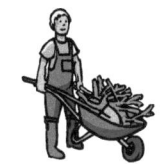

ohlokomedi wa dirapana

mtunza bustani

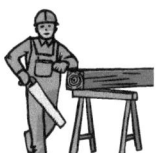

mmetli

seremala

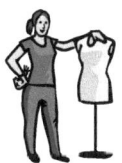

moroki

mshonaji

moahlodi

hakimu

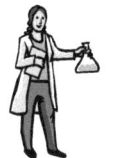

khemise

mwanakemia

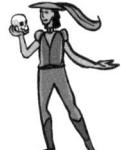

mmapadi

muigizaji

mootledi wa pase

dereva wa basi

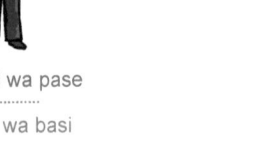

mootledi wa thekisi

dereva wa teksi

moswara dihlapi

mvuvi

mosadi wa go hlwekiša

mwanamke wa kusafisha

molokiša marulelo

mwezekaji

weithara

mhudumu

motsomi

mwindaji

motho wa go penta

mchoraji

mopaki

mwokaji

electrician

umeme

moagi

mjenzi

moenjeneare

mhandisi

selaga

mchinjaji

polambara

fundi bomba

mosepediši wa poso

mwanaposta

mohlabani

mwanajeshi

mothadi wa dintlo

msanifu majengo

morekiši

keshia

molemi wa matšoba

muuza maua

mologi wa moriri

msusi

molaodi

kondakta

mekhenikhe

mekanika

mokapotene

nahodha

ngaka ya meno

daktari wa meno

rathutamahlale

mwanasayansi

moruti

rabbi

moetapele wa dithapelo

imamu

monk

mtawa

moruti

kasisi

didirišwa
zana

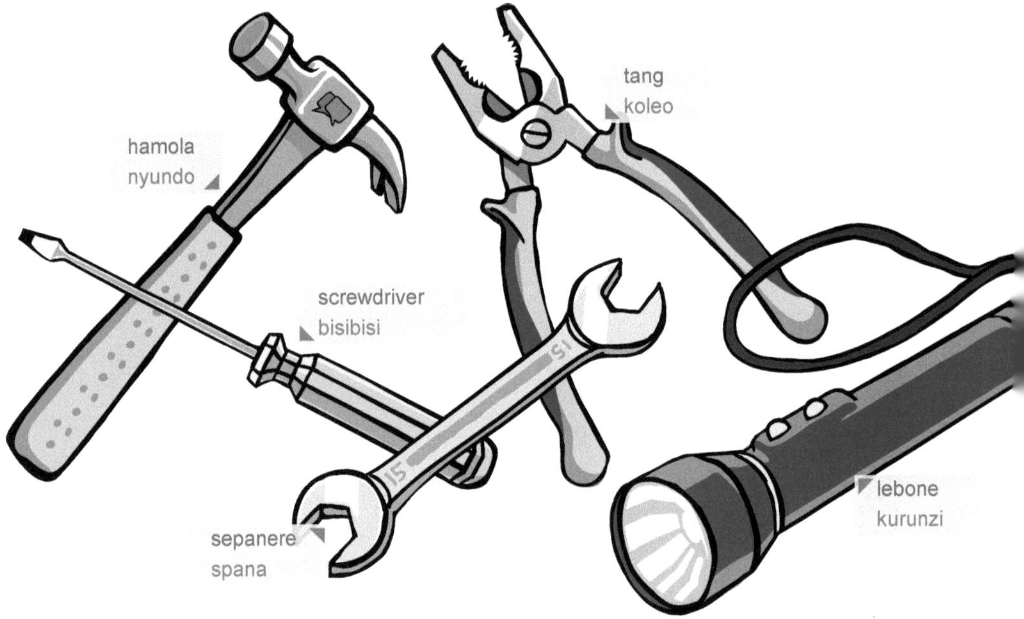

tang
koleo
hamola
nyundo
screwdriver
bisibisi
sepanere
spana
lebone
kurunzi

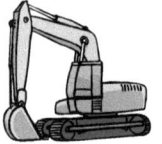

seepi

mchimbaji

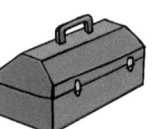

lepokisi la dithulusi

sanduku la vifaa

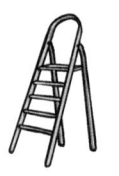

llere

ngazi

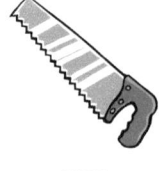

saga

msumeno

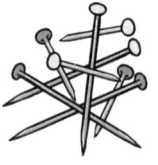

dipikiri

misumari

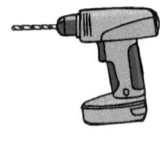

sebori

kuchimba visima

lokiša

kukarabati

garafo

sepetu

ijoo!

Lo!

seolela matlakala

kishikio cha uchafu

pitša ya pente

chungu cha rangi

sekurufu

skurubu

didirišwa tša mmino

ala za muziki

segaša modumo
spika

diteramo
mpangilio wa ngoma

katara
gita

beise ya gabedi
besi mara mbili

porompeta
tarumbeta

piano
piano

violin
fidla

beise
ubeji

timpani
timpani

diteramo
ngoma

keybhoto
kibodi

saxophone
saksafoni

phala
filimbi

mmaekrofouno
maikrofoni

zuu
bustani ya wanyama

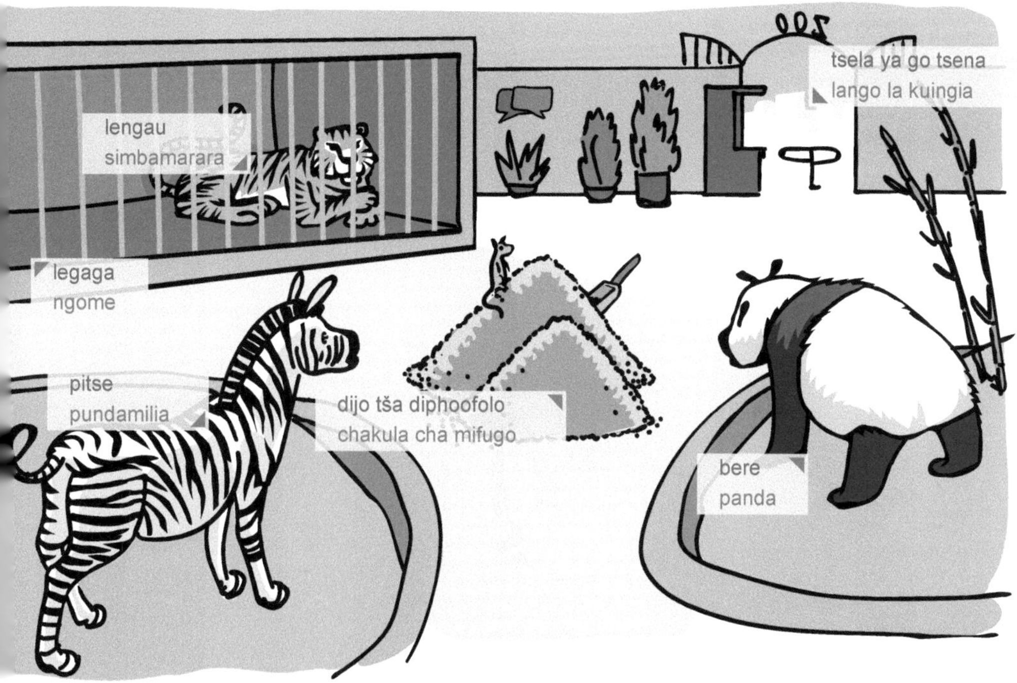
tsela ya go tsena
lango la kuingia
lengau
simbamarara
legaga
ngome
pitse
pundamilia
dijo tša diphoofolo
chakula cha mifugo
bere
panda

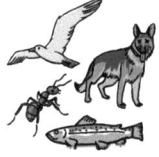

diphoofolo

wanyama

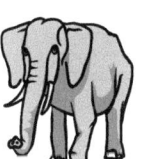

tlou

tembo

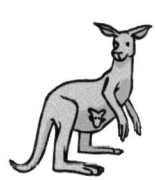

kangaroo

kangaruu

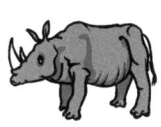

tšhukudu

kifaru

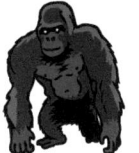

gorilla

sokwe

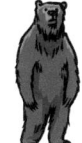

bere

dubu

kamela

ngamia

mpšhe

mbuni

tau

simba

tšhwene

tumbili

nonyana ya flamingo

heroe

nonyana ya parrot

kasuku

bere ya polar

dubu

penguin

penguini

shark

papa

phikoko

tausi

noga

nyoka

kwena

mamba

mohlokomedi wa di zoo

mtunza wanyama

sili

muhuri

jaquar

jaguar

pokolo

mwanafarasi

lepogo

chui

hippo

kiboko

thutlwa

twiga

lenong

tai

kolobe ya naga

nguruwe mwitu

hlaphi

samaki

khudu

kobe

walrus

sili

phiri

mbweha

phuthi

paa

kgwele ya Amerika
soka ya marekani

go reila paesekela
uendeshaji baiskeli

thenese
tenisi

basketball
mpira wa kikapu

go rutha
kuogelea

ntwa ya matswele
ndondi

hockey ya lehlweng
magongo ya barafuni

kgwele ya maoto

soka

badminton

vinyoya

bakitimi

riadha

polo ya matsogo

mpira wa mikono

skiing

skii

polo

polo

mediro
shughuli

sega
cheka
taboga
kuruka
gokara
kumbatia
sepela
kutembea
opela
kuimba
lora
ota ndoto
rapela
kuomba
atla
busu

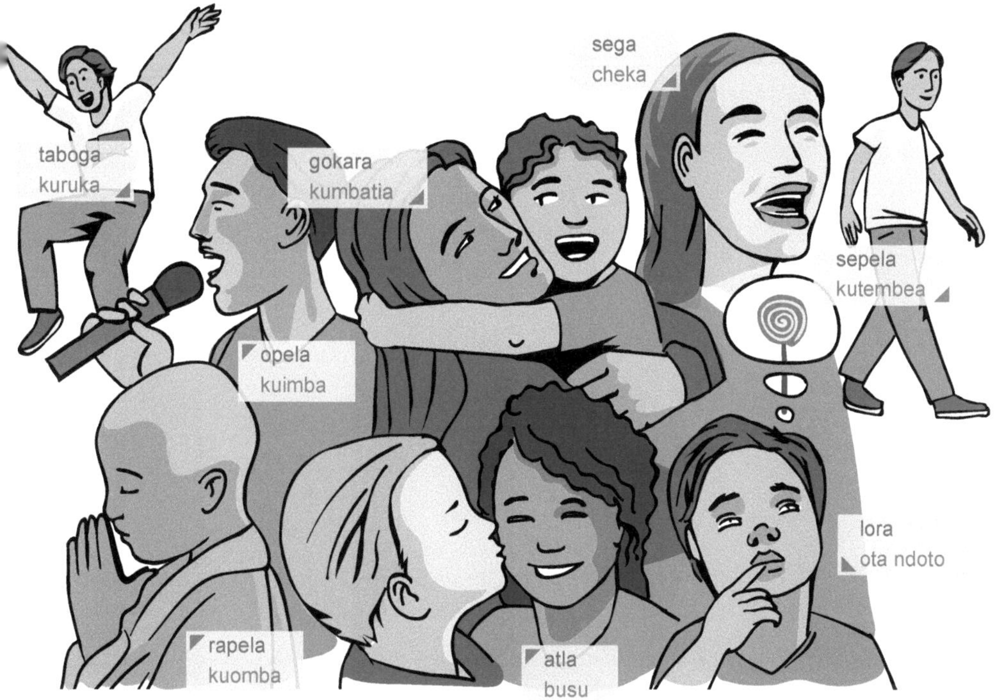

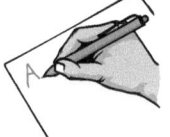

ngwala
kuandika

thala
kuteka

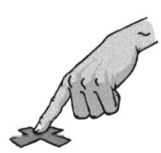

bontšha
angalia

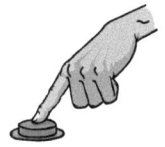

kgorometša
sukuma

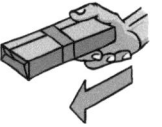

efa
kutoa

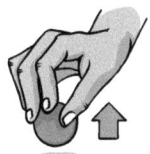

tšea
kuchukua

e ba le
kuwa

dira
fanya

eba
kuwa

ema
kusimama

kitima
kukimbia

goga
vuta

lahlela
kutupa

e wa
kuanguka

maaka
hadaa

emanyana
kusubiri

rwala
kubeba

dula
kukaa

go apara
vaa nguo

robala
usingizi

tsoga
kuamka

lebelela

kuangalia

lla

lia

seterouko

kiharusi

kamo

chana nywele

bolela

ongea

kwešiša

kuelewa

botšiša

kuuliza

theetša

kusikiliza

e nwa

kunywa

eja

kula

hlwekiša

nadhifisha

lerato

upendo

apea

mpishi

otlela

gari

fofa

kuruka

sesa

meli

khalekhuleitha

kokotoa

bala

kusoma

ithute

kujifunza

mošomo

kazi

nyala

kuoa

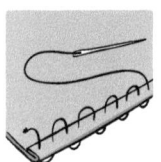

roka

kushona

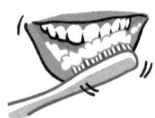

hlapa meno

piga mswaki

bolaya

kuua

kgoga

moshi

romela

kutuma

lelapa
familia

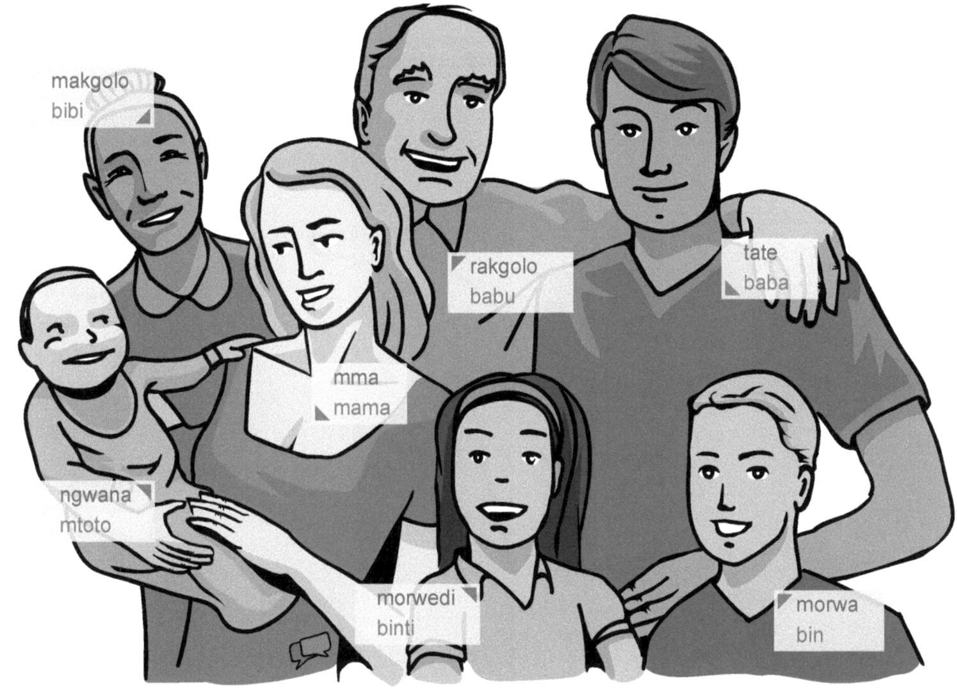
makgolo
bibi
rakgolo
babu
tate
baba
mma
mama
ngwana
mtoto
morwedi
binti
morwa
bin

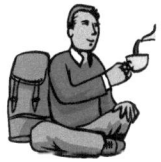

moeng

mgeni

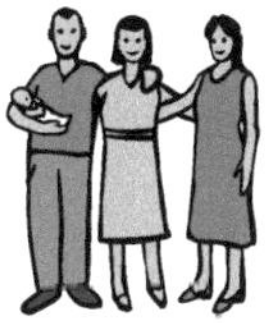

rakgadi

shangazi

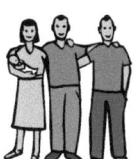

malome

mjomba

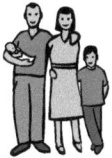

abuti

kaka

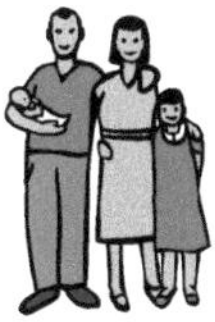

sesi

dada

mmele

mwili

phatla
paji la uso
leihlo
jicho
magetla
bega
monwana
kidole
sefahlego
uso
seledu
kidevu
seatla
mkono
leoto
mguu
letswele
matiti
letsogo
mkono

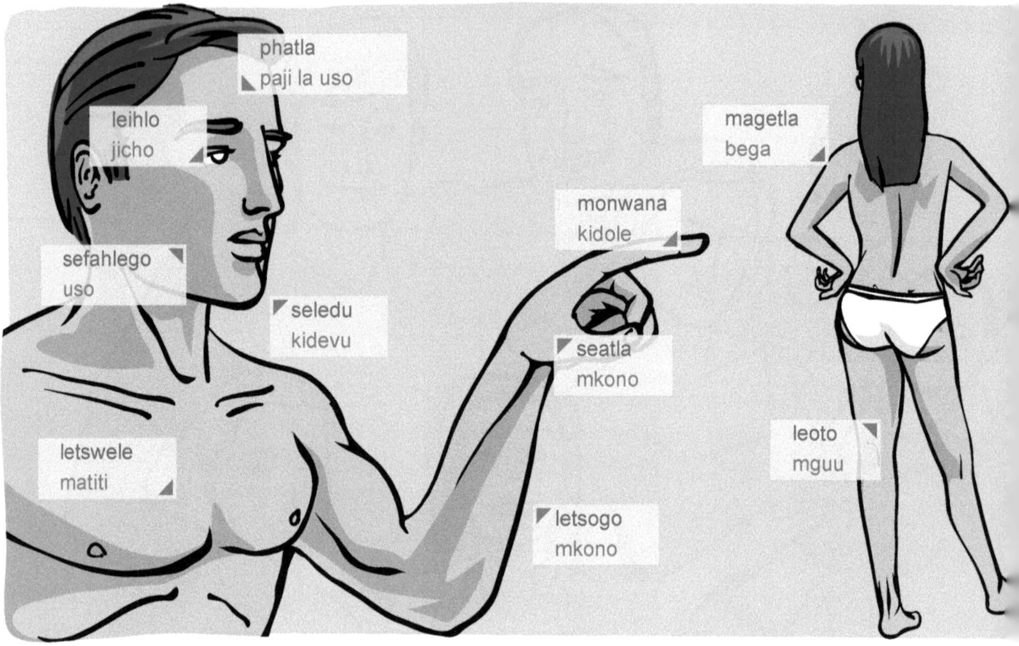

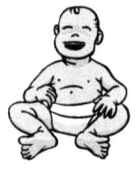

ngwana

mtoto

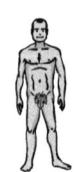

monna

mwanamume

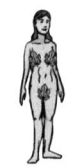

mosadi

mwanamke

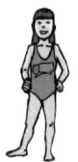

kgarebe

msichana

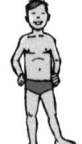

mošemane

mvulana

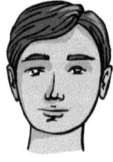

hlogo

kichwa

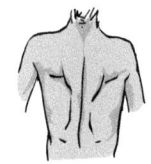

morago

nyuma

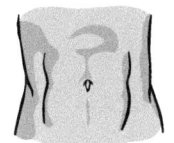

mokhaba

tumbo

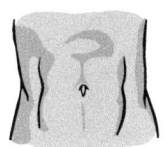

mokhubu

kitovu

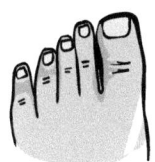

monwana

chano

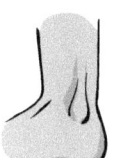

tlhako

kisigino

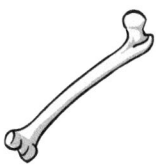

lerapo

mfupa

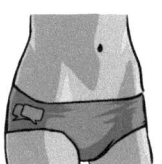

matheka

nyonga

leoto

goti

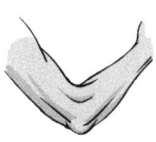

khuru

kiwiko

nko

pua

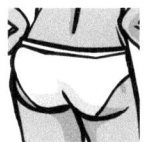

tlase

chini

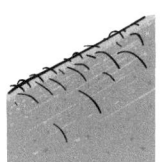

letlalo

ngozi

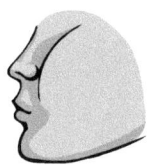

lerama

shavu

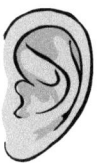

tsebe

sikio

molomo

mdomo

mmele - mwili

molomo

kinywa

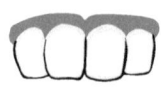

leino

jino

Leleme

ulimi

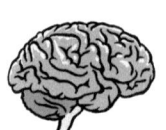

bjoko

ubongo

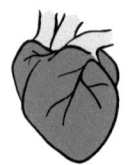

pelo

moyo

segoba

misuli

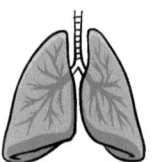

maswafo

pafu

sebete

ini

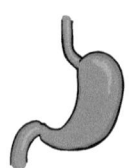

mala

tumbo

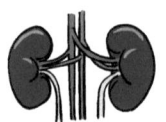

diphsio

figo

thobalano

jinsia

condom

kondomu

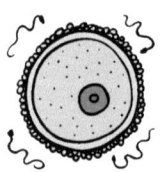

Ovum

ovari

matshedi

shahawa

go ima

mimba

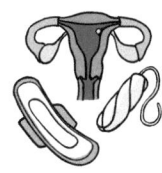

go bona kgwedi

hedhi

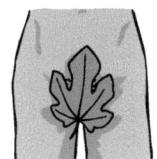

setho sa bosadi

uke

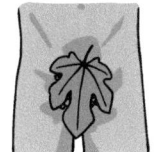

setho sa bonna

uume

dintši

unyusi

moriri

nywele

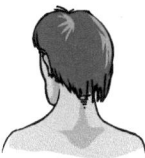

molala

shingo

sepetlele
hospitali

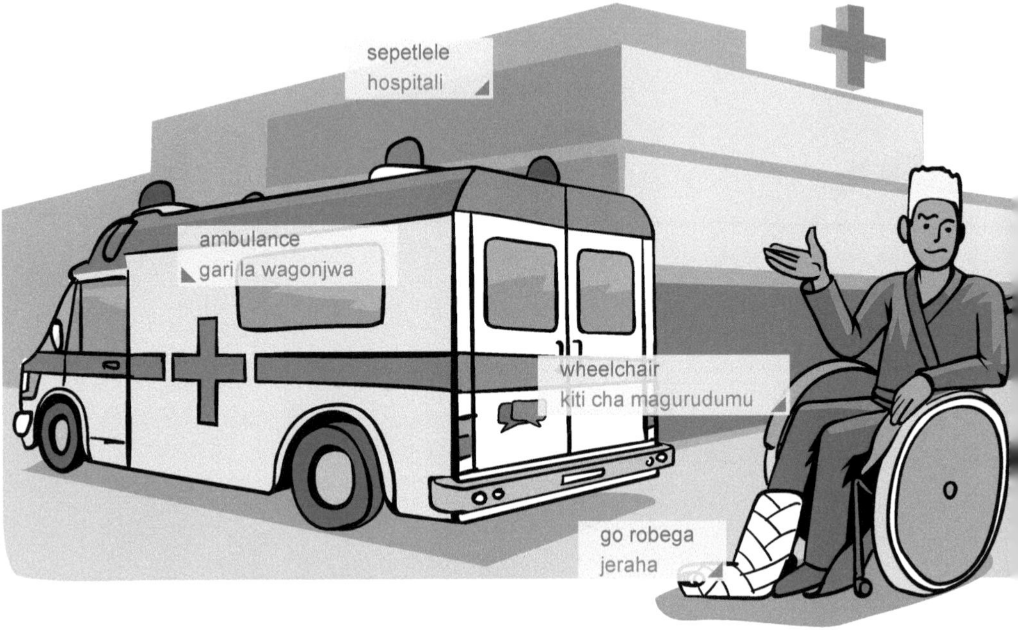

sepetlele
hospitali
ambulance
gari la wagonjwa
wheelchair
kiti cha magurudumu
go robega
jeraha

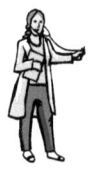

ngaka
daktari

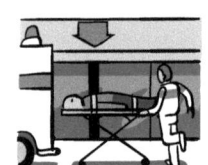

phapoši ya tša tšhoganetšo
chumba cha dharura

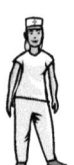

mooki
muuguzi

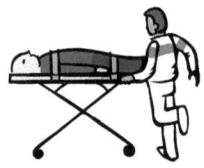

tšhoganetšo
dharura

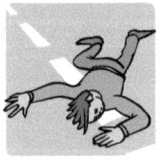

go idibala
kupoteza fahamu

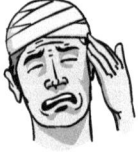

bohloko
maumivu

go gobala

kuumia

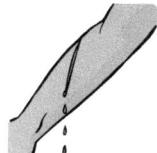

go tšwa madi

kutokwa na damu

bolwetši bja pelo

mshtuko wa moyo

setorouko

kiharusi

ge mmele o ganana le dijo

mzio

go gohlola

kikohozi

go gohlola

homa

sehuba

mafua

letšhollo

kuharisha

go opa ke hlogo

maumivu ya kichwa

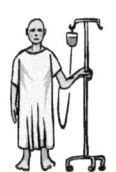

kankere

kansa

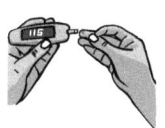

swikiri

ugonjwa wa kisukari

mmui

daktari mpasuaji

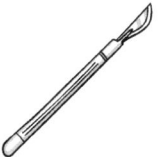

thipa ya scalpel

kisu kidogo cha kupasulia

go bulwa

operesheni

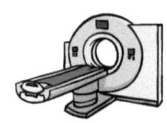

CT

picha changanufu ya mwili

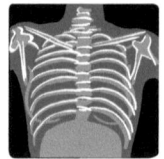

x-ray

Eksrei

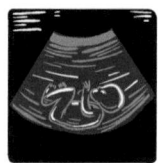

ultrasound

mawimbi sauti

sethiba sefahlego

barakoa ya uso

bolwetši

ugonjwa

phapoši ya go leta

chumba cha kusubiri

lehlotlo

mkongojo

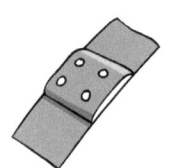

sedirišwa sa plaster

plasta

lešela la ntho

bendeji

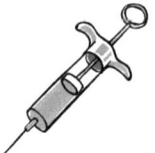

nalete

sindano

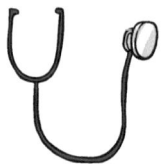

sthehosekoupo

stetoskopu

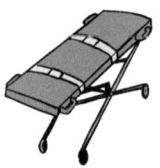

seteretšhara

machela

themoketha ya kgathelelo

kipimajoto cha kliniki

go belebga

kuzaliwa

mmele o mogolo

unene kupita kiasi

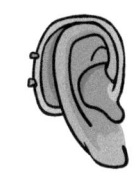

sethuša ditsebe

kusikia misaada

disinfectant

kipukusi

twatši

maambukizi

baerase

virusi

HIV / AIDS

VVU / UKIMWI

dihlare

dawa

tlhabelo ya go thibela malwetši

chanjo

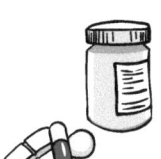

dipilisi

vidonge

pilisi

kidonge

mogala wa tšhoganetšo

simu ya dharura

sehlahlobi sa pelo

haemodainamometa

go babja / phetše gabotse

mgonjwa / mwenye afya

Thušo!

Msaada!

alamo

kengele

go tšhošetšwa

pigo

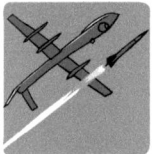

tlhaselo

shambulizi

kotsi

hatari

go tšwa ka tšhoganetšo

lango la dharura

Mollo!

Moto!

setimamollo

kizima moto

kotsi

ajali

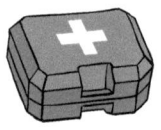

first-aid kit

vifaa vya huduma ya kwanza

SOS

wito wa msaada

maphodisa

polisi

Yuropa

Ulaya

Amerika Bodikela

Amerika ya Kaskazini

Amerika Borwa

Amerika ya Kusini

Afrika

Afrika

Asia

Asia

Australia

Australia

Atlantic

Atlantiki

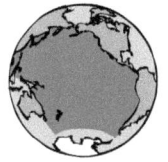

Pacific

Pasifiki

Lewatle la India

Bahari ya Hindi

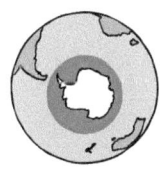

Lewatle la Antarctic

Bahari ya Antaktiki

Lewatle la Arctic

Bahari ya Aktiki

North Pole

Ncha ya Kaskazini

South Pole
Ncha ya Kusini

Antarctica
Antaktika

Lefase
dunia

naga
nchi

noka
bahari

island
kisiwa

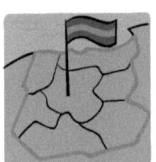

naga
taifa

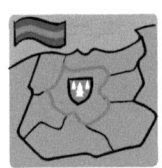

state
jimbo

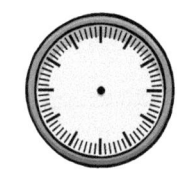

sešupanako sa dinomoro

uso wa saa

diiri tša sešupanako

akrabu ya saa

metsotso ya sešupanako

akrabu ya dakika

metsotswana ya
sešupanako
akrabu ya sekunde

Ke nako mang?

Ni saa ngapi?

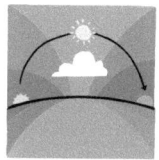

letšatši

siku

nako

wakati

gona bjale

sasa

sešupanako sa dinomoro

saa ya dijitali

metsotso

dakika

iri

saa

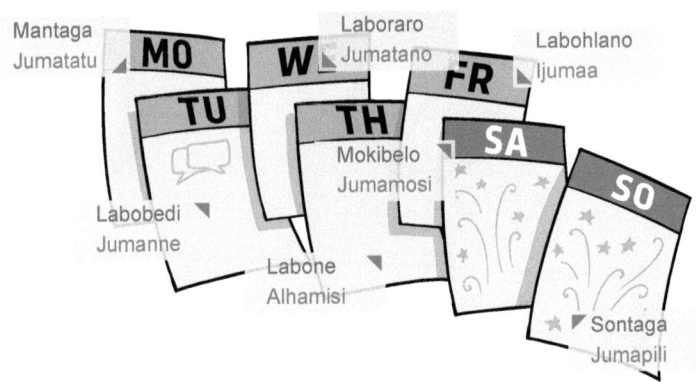

Mantaga
Jumatatu

Laboraro
Jumatano

Labohlano
Ijumaa

Labobedi
Jumanne

Mokibelo
Jumamosi

Labone
Alhamisi

Sontaga
Jumapili

maobane

jana

lehono

leo

ka moswana

kesho

mesong

asubuhi

Thapama

saa sita mchana

mantšiboa

jioni

matšatši a kgwebo

siku za biashara

mafelobeke

mwishoni mwa wiki

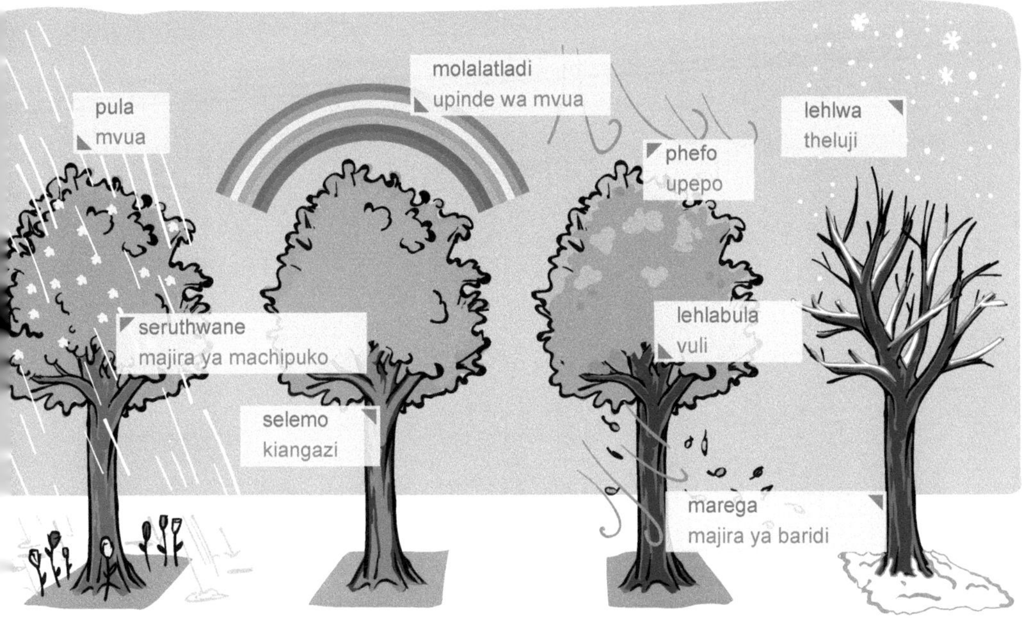

pula
mvua
molalatladi
upinde wa mvua
phefo
upepo
lehlwa
theluji
seruthwane
majira ya machipuko
lehlabula
vuli
selemo
kiangazi
marega
majira ya baridi

4.APRIL 11°
5.APRIL 4°
6.APRIL 13°
7.APRIL 8°
8.APRIL 10°

tsebišo ya leratadima

utabiri wa hali ya hewa

F C
120 40
90 30
60 20
30 10
0 0
-30 -10
-20

thermometer

kipimajoto

mahlasedi a letšatši

mwanga wa jua

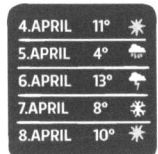

maru

wingu

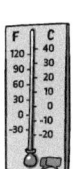

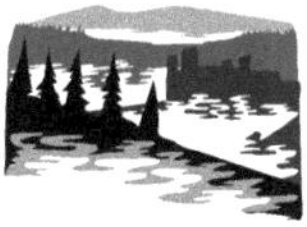

kgudi

ukungu

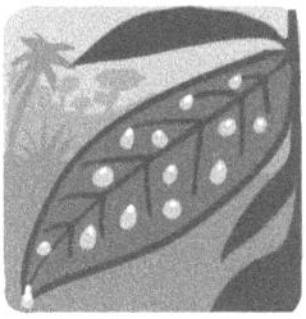

go koloba

unyevu

legadima

umeme

legadima

radi

ledimo

dhoruba

sefako

mvua ya mawe

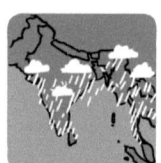

ledimo

monsuni

lefula

mafuriko

lehlwa

barafu

January

Januari

February

Februari

March

Machi

April

Aprili

May

Mei

June

Juni

July

Julai

August

Agosti

September
Septemba

October
Oktoba

November
Novemba

December
Desemba

nthokolo
mduara

sekwere
mraba

rectangle
mstatili

theraekele
pembetatu

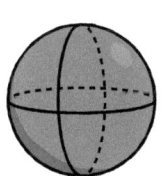

nthokolo
nyanja

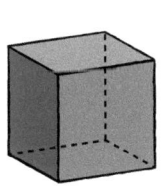

cube
mchemraba

mebala
rangi

tshweu
....
nyeupe

kheri
....
manjano

namone
....
chungwa

pinki
....
rangi ya waridi

khubedu
....
nyekundu

phepholo
....
hudhurungi

pududu
....
bluu

tala
....
kijani

tshehla
....
hanja

kerei
....
jivujivu

bontsho
....
nyeusi

še dintši / tše dinyenyane

mengi / kidogo

befetšwe / theotše maswafo

hasira / pole

botse / befile

nzuri / mbaya

mathomo / mafelelo

mwanzo / mwisho

kgolo / nyenyane

kubwa / ndogo

seetša / leswiswi

angavu / giza

abuti / sesi

kaka / dada

hlwekile / ditšhila

safi / chafu

feletše / ga se e felele

kamilika / tokamilika

mosegare / bošego

siku / usiku

hwile / o sa phela

wafu / hai

go bulega / go tswalelega

pana / nyembamba

e a jega / ga e jege

kulika / kutolika

bobe / go loka

ovu / ema

mahlahlo / go tšwafa

sisimkwa / udhika

bokoto / bosese

nene / nyembamba

mathomo / mafelelo

kwanza / mwisho

mogwera / lenaba

rafiki / adui

e tletše / ga e na selo

jaa / tupu

tiile / e bonolo

ngumu / laini

ya roba / e bobebo

nzito / nyepesi

tlala / mokhoro

njaa / kiu

go babja / phetše gabotse

mgonjwa / mwenye afya

ga e molaong / e molaong

haramu / kisheria

bohlale / lešilo

akili / kijinga

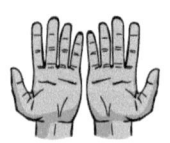

le letshadi / le letona

kushoto / kulia

kgaufsi / kgole

karibu / mbali

mapsha / e dirišitšwe

mpya / kutumika

selo / se sengwe

kitu / jambo

motšofadi / mofsa

zee / changa

laeta / tima

waka / zima

bula / tswalela

wazi / fungwa

homola / rasa

utulivu / kelele

go huma / go diila

tajiri / masikini

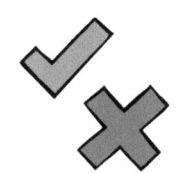

e lokilego / e sa lokago

sahihi / kosa

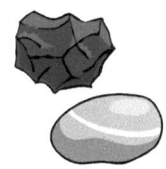

makgwakgwa / go thelela

mbaya / laini

go nyama / go thaba

huzunika / furahia

mokopana / motelele

fupi /ndefu

go nanya / go kitima

polepole / haraka

go koloba / go oma

nyevu / kavu

borutho / go tonya

joto / baridi

ntwa / khutšo

vita / amani

nambari

0	**1**	**2**
nnoto	tee	pedi
sufuri	moja	mbili

3	**4**	**5**
tharo	nne	tlhano
tatu	nne	tano

6	**7**	**8**
tshela	šupa	seswal
sita	saba	nane

9	**10**	**11**
senyane	lesome	lesome tee
tisa	kumi	kumi na moja

12
lesome pedi

kumi na mbili

13
lesome tharo

kumi na tatu

14
lesome nne

kumi na nne

15
lesome tlhano

kumi na tano

16
lesome tshela

kumi na sita

17
lesome šupa

kumi na saba

18
lesome seswai

kumi na nane

19
lesome senyane

kumi na tisa

20
masomepedi

ishirini

100
lekgolo

mia

1.000
sekete

elfu

1.000.000
milione

milioni

Seisemane

Kiingereza

Seisemane sa Amerika

Kiingereza cha Marekani

Sechina sa Mandarin

Kimandarini cha Uchina

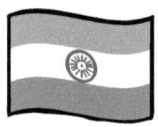

Sehindi

Kihindi

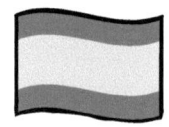

Spanish

Kihispania

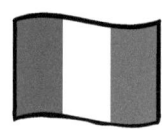

Sefora

Kifaransa

Searabic

Kiarabu

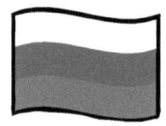

Serašia

Kirusi

Sepotokisi

Kireno

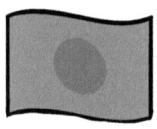

Sebengali

Kibengali

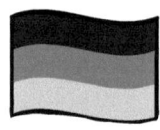

Sejeremane

Kijerumani

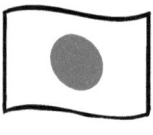

Sefapane

Kijapani

Nna

mimi

wena

wewe

yena / yona

yeye / yeye / ni

rena

sisi

wena

wewe

bona

wao

bomang?

nani?

eng?

nini?

bjang?

jinsi gani?

mo kae?

wapi?

neng?

lini?

leina

jina

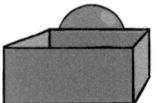

ka morago

nyuma

go

katika

kgaufsi le

mbele ya

godimo ga

juu ya

go

kwenye

ka tlase ga

chini ya

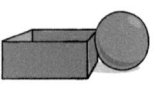

ka lehlakoreng la

kando

magareng ga

kati

lefelo

mahali